# O MEDO
# DO ESCURO

**Preparo de originais:** Gabrielle Antunes

**Supervisão de texto:** Jéssica H. Furtado

**Revisão:** Alessandra Moreira

**Ilustração:** Camilla Magalhães Procópio

**Capa:** Geovanna Votto

**Diagramação:** Geovanna Votto

A editora não se responsabiliza pelo conteúdo da obra, formulada exclusivamente pelo(s) autor(es). A editora não se responsabiliza pela manutenção, atualização e idioma dos sites referidos pelos autores nesta obra. 1a Edição, 2024 — Edição revisada conforme o Acordo Ortográfico da Língua Portuguesa de 2009. Publique seu livro com a Ases da Literatura. Para mais informações envie um e-mail para originais@asesdaliteratura.com.br

Suporte técnico: A obra é comercializada da forma em que está, sem direito a suporte técnico ou orientação pessoal/exclusiva ao leitor.

**Catalogação na publicação**
**Elaborada por Bibliotecária Janaina Ramos – CRB-8/9166**

P963m

Procópio, Camilla Magalhães

O medo do escuro / Camilla Magalhães Procópio. – Rio de Janeiro: Ases da Literatura, 2024.

24 p., il.; 17 X 24 cm

ISBN 978-65-5420-854-3

1. Literatura infantil. I. Procópio, Camilla Magalhães. II. Título.

CDD 028.5

Índice para catálogo sistemático
I. Literatura infantil

O MEDO
DO ESCURO
asinha
Camilla Magalhães Procópio

# Dedicatória

Dedico este livro aos meus filhos, Matheus e Davi. Crianças especiais e que participaram ativamente na elaboração deste livro. O Matheus tinha medo do escuro e o Davi e eu, noite após noite, pensávamos em como solucionar o problema. Um sugeria algo e o Matheus questionava, o outro dava mais uma ideia e, novamente, o Matheus não gostava. De repente, tínhamos uma história, mas o medo, mesmo que em menor proporção, ainda existia. Então, resolvi escrever um livrinho e ilustrar. O Matheus adorou desenhar alguns monstros e inspirou o final da história.

## Agradecimentos

Agradeço ao meu marido, Rafael, por me apoiar e ajudar com a publicação deste livro e principalmente aos meus filhos, pois sem eles esta história não existiria.

Miguel era um menino que tinha medo do escuro. Ele não gostava da hora de dormir. Os monstros, fantasmas e vampiros sempre apareciam à noite, quando a luz do quarto era apagada.

Miguel tinha tanto medo do escuro e das criaturas aterrorizantes que dormia agarradinho, como um carrapatinho, em sua mamãe.

Todas as noites ele falava:

— Mamãe, não quero ter medo do escuro!

A mamãe, o Miguel e o Theo (irmãozinho do Miguel) pensavam em uma solução, mas nenhuma ideia dava certo. O medo não ia embora.

Bastava apagar a luz e Miguel já se encolhia na cama e dizia:

— Mamãe, estou com medo!

Um dia, a mamãe teve uma ideia e comprou uma gaiola mágica invisível. A gaiola hipnotizava os seres do mal e os capturava.

Entretanto, apesar de a gaiola ser mágica, Miguel não entendia como aqueles bichos enormes entravam na gaiola nem como cabiam tantas criaturas dentro dela e continuava com medo.

Ficava imaginando os monstros
o olhando dormir.

Então, a mamãe explicou que o mágico colocou um feitiço na gaiola e que os seres do mal eram encolhidos quando se aproximavam dela, entrando facilmente pela portinha.

Quando a gaiola estava cheia, os monstros eram transportados para bem longe, para o "Planeta dos Monstros".

Miguel começou a imaginar e a desenhar os monstros pequenininhos, eles pareciam tão inofensivos, tão bonitinhos, tão fofinhos que o medo foi diminuindo, diminuindo... até virar estrelinhas brilhantes no teto.

Miguel até escolheu alguns monstrinhos bem lindinhos e coloridos como animais de estimação.

O medo do escuro virou estrelinhas, mas a gaiola continuou no quarto capturando os monstrengos.

## Camilla Magalhães Procópio

Camilla nasceu no interior de Minas Gerais, em 11 de maio de 1982. Ela cresceu em uma cidadezinha chamada Santa Maria de Itabira. Teve uma infância alegre, com muitas brincadeiras, contato com a natureza e com os animais. Mudou-se para Belo Horizonte aos 17 anos, cursou Fisioterapia na PUC-MG e abandonou a profissão em 2012 para estudar. Em 2014, assumiu o cargo de analista no Ministério da Fazenda. Ela também é casada, mãe de dois meninos e tem como hobbies os artesanatos e os desenhos.

# Publique seu livro:

**Não deixe de conhecer
os outros livros do
selo Asinha em:**

**www.asesdaliteratura.com**

www.ingramcontent.com/pod-product-compliance
Lightning Source LLC
Chambersburg PA
CBRC100837110726
48006CB00009B/1421